OUI LOVE CUISINE

An English/French Bilingual Picture Book

by Oui Love Books

ODÉON LIVRE
CHICAGO
2018

odeonlivre.com

le jus de pomme

apple juice

la baguette

baguette

les bananes

bananas

le décapsuleur

bottle opener

le bol

bowl

le pain

bread

le brocoli

broccoli

la brosse

brush

le beurre

butter

le gâteau

cake

la carotte

carrot

le fromage

cheese

le cheeseburger

cheeseburger

le couteau du chef

chef's knife

la cerise

cherry

le piment rouge

chili pepper

le chocolat

chocolate

la cafetière

coffee pot

le cola

cola

le tire-bouchon

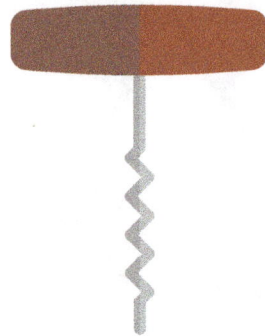

corkscrew

le croissant

croissant

la tasse

cup

les laitages

dairy

la fourchette de

dinner fork

le beignet

donut

l'œuf

egg

l'aubergine

eggplant

le poisson

fish

le congélateur

freezer

la cafetière

French press

le bol de fruits

fruit bowl

le fruit

fruit

la poêle

frying pan

le jus de raisin

grape juice

les raisins

grapes

la pomme verte

green apple

le moulin

grinder

le hot-dog

hot dog

la glace

ice cream

le ketchup

ketchup

la louche

ladle

le citron

lemon

la laitue

lettuce

la lime

lime

la viande

meat

le micro-onde

microwave

le carton de lait

milk carton

le lait

milk

la mitaine

mitt

la tasse

mug

le champignon

mushroom

la moutarde

mustard

le jus d'orange

orange juice

l'orange

orange

la patisserie

pastry

la pêche

peach

la poire

pear

le poivrière

pepper shaker

le cornichon

pickle

l'ananas

pineapple

la pizza

pizza

le pot

pot

la pomme de terre

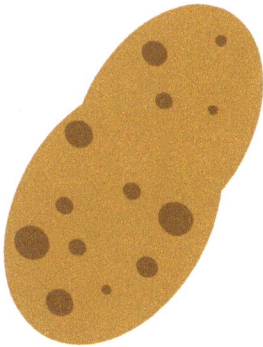

potato

la citrouille

pumpkin

la pomme rouge

red apple

le poivron rouge

red pepper

le réfrigérateur

refrigerator

le riz

rice

le poulet rôti

roasted chicken

la salade

salad

la salière

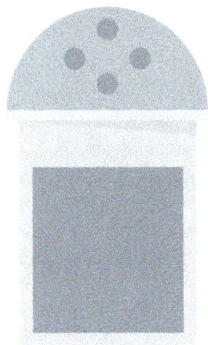

salt shaker

la saucisse

sausage

la cuillère à soupe

soup spoon

la spatule

spatula

les épices

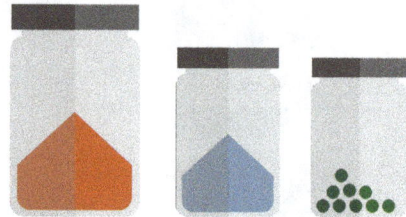

spices

le steak

steak

la fraise

strawberry

le sucre

sugar

le sushi

sushi

le couteau de table

table knife

la bouilloire à thé

tea kettle

la tasse de thé

teacup

la théière

teapot

la tomate

tomato

les pinces

tongs

les légumes

vegetables

la bouteille d'eau

water bottle

l'eau

water

la pastèque

watermelon

le fouet

whisk

le yaourt

yogurt